사랑하는 _____ 에게

예수님이 가르쳐 주신 대로
기도하여 하나님을 기쁘게 하는
믿음의 어린이가 되기를 바랍니다.

년   월   일

_____가 드림

"너희는 이렇게 기도하라"
기도훈련집 초등부

지은이	권영구
초판 발행	2009년 8월 15일
초판 2쇄 발행	2022년 10월 14일
펴낸 곳	52출판
등록번호	제 390-2004-00006호
주소	경기도 광명시 소하로 162, 706동 604호(소하동, 휴먼시아)
전화	02) 2617-2044
FAX	02) 899-9189
홈페이지	www.52ch.kr
구입문의	02) 2617-2044, 2615-0019

ISBN 978-89-91822-36-8 03230
값 7,000원

저자와의 협약아래 인지는 생략되었습니다.
이 출판물은 저작권법에 의해 보호를 받는 저작물이므로
무단 전재와 복제를 할 수 없습니다.

이 책을 복사하지 않고 구입하는 것은 선교센터를 돕는 것입니다.

[너희는 이렇게 기도하라] **시리즈 ③**

초등부

"너희는 이렇게 기도하라"
기도훈련집

권영구 지음

너희는 이렇게 기도하라

52 출판사
obyeongieo

★ 머리말

  어릴 때 꿈을 가지고 기도하는 것은 매우 중요합니다. 꿈이 없는 사람보다 있는 사람이 큰 인물이 됩니다. 그러나 그보다 더 중요한 것은 하나님이 원하시는 기도, 믿음이 성장하는 바른 기도를 하면 장래에 큰 인물이 되어 하나님의 영광을 나타낸다는 것입니다.

  모든 어린이가 다윗과 에스더처럼 하나님을 사랑하고 영광을 나타내는 인물이 되었으면 좋겠습니다.

  여기 예수님이 가르쳐 주신 기도 순서대로 기도를 드리면 틀림없이 위대한 사람이 될 것입니다.

2009년 8월 15일
서재에서 권영구 목사

1부 나를 위한 기도

개인기도 1 * **12**
개인기도 2 * **16**

2부 간단하게 하는 기도

아침에 일어나서 하는 기도 * **24**
자기 전에 하는 기도 * **26**
식사기도 * **28**
몸이 아플 때 하는 기도 * **30**
믿음생활을 잘하게 해 달라는 기도 * **32**
전도하기 위한 기도 * **34**
목자를 잘하게 해 달라는 기도 * **37**
믿음이 떨어졌을 때
    영적인 힘을 얻기 위한 기도 * **39**
시험이 들었을 때 하는 기도 * **42**

좋은 친구를 얻기 위한 기도 * **44**
이성친구를 사귀기 위한 기도 * **46**
친구와 다투고 헤어졌을 때 하는 기도 * **48**
친구에게 배신당했을 때 하는 기도 * **51**
공부를 잘하게 해 달라는 기도 * **54**
공부가 하기 싫을 때 하는 기도 * **56**
부모님에게 야단맞았을 때 하는 기도 * **59**
선생님에게 야단맞았을 때 하는 기도 * **61**
형제·자매와 다투었을 때 하는 기도 * **63**
왕자병 치료를 위한 기도 * **65**
공주병 치료를 위한 기도 * **67**
기분이 나쁠 때 하는 기도 * **69**

3부 단체를 위한 기도

교회에서 하는 대표기도 * **72**
가정에서 하는 대표기도 * **76**
목장에서 하는 대표기도 * **80**
가족들 식사 대표기도 * **84**

4부 가정을 위한 기도

하나님을 믿는
  아빠(엄마)를 위한 기도 * 88

하나님을 믿지 않는
  아빠(엄마)를 위한 기도 * 92

하나님을 믿는
  할아버지(할머니)를 위한 기도 * 96

하나님을 믿지 않는
  할아버지(할머니)를 위한 기도 * 100

하나님을 믿는
  형제(자매)를 위한 기도 * 104

하나님을 믿지 않는
  형제(자매)를 위한 기도 * 108

5부 중보기도

담임목사님과 사모님을 위한 기도 * 114
부서 담당 목사님(전도사님)을 위한 기도 * 118
교회 선생님을 위한 기도 * 122
하나님을 믿는 친구를 위한 기도 * 126
하나님을 믿지 않는 친구를 위한 기도 * 130

01부

나를 위한 기도

개인기도 1

1) 하나님 아버지! 하나님의 이름이 거룩히 여김 받으시기를 원합니다. 내가 하나님의 이름을 거룩하게 할 생각과 행동만 하게 해 주세요.
2) 하나님 나라가 내 마음에 임하기를 원합니다. 그래서 내 마음속에 천국이 이루어지게 해 주세요.
3) 하나님의 뜻이 하늘에서 이루어진 것 같이 나에게도 이루어지기를 원합니다. 나도 하나님의 뜻을 깨닫고 이루어 드리게 해 주세요.
4) 하나님! 나는 하나님을 잘 믿고 싶어요. 성경말씀도 열심히 배우고 찬송도 기도도 잘하는 어린이가 되고 싶어요. 또 공부도

잘하고 착한 어린이가 되어 부모님과 선생님에게 사랑받는 사람이 되고 싶어요.

 나에게 지혜와 지식과 명철의 은사를 허락해 주세요. 그래서 내가 어른이 되어 하나님의 영광을 많이 나타내게 해 주세요. 또 어떤 일을 하든지 하나님께 영광을 돌리는 훌륭한 사람이 되게 해 주세요.

5) 하나님! 나를 화나게 하고 힘들게 한 사람을 용서합니다. 그리고 그 사람이 하나님을 잘 믿어 구원받고 복도 받게 해 주세요.

6) 하나님 말씀에 순종하여 다른 사람을 용서해 준 것 같이 나의 죄도 용서해 주세요. 나에게도 많은 죄가 있어요. 예수님의 보혈로 죄 사함을 주세요.

7) 내가 시험에 들지 않도록 마귀로부터 지켜 주세요.

8) 하나님! 나를 악에서 구원해 주세요. 나

에게 거짓말하는 악이 있어요. 불만, 불평하는 악이 있어요. 신경질 부리는 악이 있어요. 부모님 말씀에 불순종하는 악이 있어요. 교회에서 떠드는 악이 있어요. 예배시간에 장난치는 악이 있어요. 기도하기 싫어하는 악이 있어요. 성경말씀에 불순종하는 악이 있어요. (   )하는 악이 많이 있어요. 나를 악에서 구원해 주세요.

9) 나라와 권세와 영광이 하나님 아버지께 영원히 있습니다.

10) 예수님의 이름으로 기도드립니다. 아멘.

Prayer Note

✏️ 기도 후 체크하세요

1	2	3	4	5	6	7	8	9	10
11	12	13	14	15	16	17	18	19	20
21	22	23	24	25	26	27	28	29	30
31	32	33	34	35	36	37	38	39	40
41	42	43	44	45	46	47	48	49	50
51	52	53	54	55	56	57	58	59	60
61	62	63	64	65	66	67	68	69	70
71	72	73	74	75	76	77	78	79	80
81	82	83	84	85	86	87	88	89	90
91	92	93	94	95	96	97	98	99	100

개인기도 2

1) 하나님 아버지의 이름이 거룩하게 여김 받으시기를 원합니다. 내가 하나님의 이름을 거룩하게 하는 사람이 되기를 원합니다. 항상 거룩하게 살도록 노력하겠습니다.
2) 하나님 나라가 내게 임하여 하나님의 자녀 되기를 원합니다.
 내가 하나님 보시기에 정직하고 바른 사람이 되게 해 주세요. 어렵고 힘든 일이 생겨도 짜증내거나 화내지 않고, 하나님을 믿어서 기쁘게 해 주세요.
 하나님께서 내 마음을 다스려 주셔서 영생의 길과 복된 길로 인도해 주세요.
3) 하나님의 뜻이 나에게 이루어져 구원받은 백성이 되고, 내가 하나님의 뜻을 알고

그 뜻을 이루어 드리는 사람이 되게 해 주세요. 하나님 뜻에 순종하는 사람이 되게 해 주세요.

4) 하나님! 나에게 중요한 것은 부모님과 좋은 사이가 되는 것입니다. 부모님과 언제나 좋은 사이를 유지하게 해 주세요. 또 교회나 학교에서도 목사님과 선생님과 친구들과 좋은 사이가 되게 해 주세요.

나는 학생으로서 공부에 열심을 갖기 원합니다. 공부에 집중해서 좋은 성적을 올리게 해 주세요. 음악이나 미술, 운동 그리고 여러 가지 다른 것들도 모두 열심히 노력해서 잘하게 되었으면 좋겠어요.

내가 큰 인물이 되어 하나님의 일을 많이 하고 하나님께 영광 돌리고 싶어요. 그래서 하나님과 부모님을 기쁘게 해 드리고 싶어요. 교회에서 예배도 잘 드리고 말씀도 잘 배우고, 기도와 찬송도 잘하고 목자도 열심히 잘하고 싶어요. 하나님께서 도와 주세요.

또 게으른 습관을 고쳐 주셔서 아침에 일찍 일어나 내 준비물은 내가 챙기고 지각하지 않는 부지런한 어린이가 되게 해 주세요. 나에게 주어진 일은 내가 알아서 하는 사람이 되게 해 주세요.

5) 하나님! 나에게 잘못한 사람을 용서합니다. 예수님이 용서하라고 하셨으니 말씀에 순종하여 용서합니다. 그 사람이 하나님을 믿고 구원받고 복도 받게 해 주세요.

6) 내가 다른 사람을 용서한 것 같이 내 죄도 용서해 주세요. 나에게도 죄가 많이 있어요. 그리고 죄를 지었을 때 생각나게 해 주셔서, 회개하고 같은 죄를 짓지 않게 도와 주세요.

7) 하나님! 내가 시험에 들지 않도록 지켜

주세요. 마귀가 여러 가지로 나를 시험해요. 컴퓨터나 텔레비전에 중독되지 않게 해 주세요. 게임이나 만화에 중독되지 않게 해 주세요. 먹는 것에 너무 욕심 부리지 않게 해 주세요. 공부하기 싫어하는 마음이 생기지 않게 해 주세요. 남의 물건을 훔치는 버릇이 생기지 않게 해 주세요.

이런 여러 가지 시험에 빠지지 않게 하나님이 지켜 주세요. 그리고 내가 시험을 이길 수 있도록 기도하게 해 주세요. 끝까지 나를 버리지 말고 보호해 주세요.

8) 하나님! 나에게는 많은 악이 있어요. 게으른 악이 있어요. 게으름에서 구원해 주세요. 욕하는 악이 있어요. 욕하는 악에서 구원해 주세요. 짜증내는 악이 있어요. 짜증내는 악에서 구원해 주세요.

(   )하는 악이 있어요. (   )

하는 악에서 구원해 주세요.

9) 하나님 나라와 권세와 영광이 영원히 하나님 아버지께 있습니다.

10) 예수님의 이름으로 기도드립니다. 아멘.

Prayer Note

✏️ 기도 후 체크하세요

1	2	3	4	5	6	7	8	9	10
11	12	13	14	15	16	17	18	19	20
21	22	23	24	25	26	27	28	29	30
31	32	33	34	35	36	37	38	39	40
41	42	43	44	45	46	47	48	49	50
51	52	53	54	55	56	57	58	59	60
61	62	63	64	65	66	67	68	69	70
71	72	73	74	75	76	77	78	79	80
81	82	83	84	85	86	87	88	89	90
91	92	93	94	95	96	97	98	99	100

02부

간단하게 하는 기도

아침에 일어나서 하는 기도

하나님 아버지! 하나님의 이름이 영원히 거룩히 여김 받으시기를 원합니다.

오늘도 내 마음에 하나님 나라를 지키게 해 주세요. 또 내 뜻보다는 하나님의 뜻을 생각하고 이루게 해 주세요.

오늘 나와 함께 해 주셔서 학교나 교회에서, 또 길을 갈 때도 보호해 주세요. 나쁜 유혹과 시험에서 지켜 주세요. 그리고 모든 일을 지혜롭게 잘하게 해 주세요.

나라와 권세와 영광이 영원히 하나님께만 있습니다.

예수님의 이름으로 기도드립니다. 아멘.

Prayer Note

✈ 기도 후 체크하세요

1	2	3	4	5	6	7	8	9	10
11	12	13	14	15	16	17	18	19	20
21	22	23	24	25	26	27	28	29	30
31	32	33	34	35	36	37	38	39	40
41	42	43	44	45	46	47	48	49	50
51	52	53	54	55	56	57	58	59	60
61	62	63	64	65	66	67	68	69	70
71	72	73	74	75	76	77	78	79	80
81	82	83	84	85	86	87	88	89	90
91	92	93	94	95	96	97	98	99	100

자기 전에 하는 기도

하나님 아버지! 하나님의 이름이 영원히 거룩히 여김 받으시기를 원합니다.

오늘 하루도 내 마음에 하나님 나라를 지켜 주시고 하나님 뜻을 이루며 살게 해 주셔서 감사해요. 또 안전하게 지켜 주셔서 감사드려요. 잠들었을 때도 나쁜 꿈을 꾸지 않도록 천사를 보내 지켜 주세요.

나라와 권세와 영광이 영원히 하나님께만 있습니다.

예수님의 이름으로 기도드립니다. 아멘.

Prayer Note

🛩️ 기도 후 체크하세요

1	2	3	4	5	6	7	8	9	10
11	12	13	14	15	16	17	18	19	20
21	22	23	24	25	26	27	28	29	30
31	32	33	34	35	36	37	38	39	40
41	42	43	44	45	46	47	48	49	50
51	52	53	54	55	56	57	58	59	60
61	62	63	64	65	66	67	68	69	70
71	72	73	74	75	76	77	78	79	80
81	82	83	84	85	86	87	88	89	90
91	92	93	94	95	96	97	98	99	100

식사기도

하나님 아버지의 이름이 거룩히 여김 받으시기를 원합니다.

즐거운 식사를 할 수 있도록 맛있는 음식을 주셔서 감사드립니다. 주신 음식을 먹고 건강하며 항상 하나님께 감사드리게 해 주세요.

나라와 권세와 영광이 하나님께만 있습니다.

예수님의 이름으로 기도드립니다. 아멘.

Prayer Note

🖊️ 기도 후 체크하세요

1	2	3	4	5	6	7	8	9	10
11	12	13	14	15	16	17	18	19	20
21	22	23	24	25	26	27	28	29	30
31	32	33	34	35	36	37	38	39	40
41	42	43	44	45	46	47	48	49	50
51	52	53	54	55	56	57	58	59	60
61	62	63	64	65	66	67	68	69	70
71	72	73	74	75	76	77	78	79	80
81	82	83	84	85	86	87	88	89	90
91	92	93	94	95	96	97	98	99	100

몸이 아플 때 하는 기도

 전능하신 하나님! 하나님 아버지의 이름이 거룩히 여김 받으시기를 원합니다.
 내 몸을 만드신 하나님! 하나님이 주신 몸을 잘 관리하지 못하여 지금 많이 아픕니다. 아픈 것이 나의 죄 때문이라면, 그 죄를 깨달아 회개하게 해 주시고 몸의 병을 치료해 주세요. 예수님이 약하고 병든 사람을 치료하신 것을 믿습니다. 나의 병도 치료해 주세요.
 내 몸이 아파서 가족이 힘들지 않게 해 주시고, 내가 짜증을 내거나 불평하지 않게 해 주세요. 몸이 아플 때 마귀가 틈타지 못하도록 지켜 주시고 병을 이기게 해 주세요.
 나라와 권세와 영광이 하나님께만 있습니다. 예수님의 이름으로 기도드립니다. 아멘.

Prayer Note

✈ 기도 후 체크하세요

1	2	3	4	5	6	7	8	9	10
11	12	13	14	15	16	17	18	19	20
21	22	23	24	25	26	27	28	29	30
31	32	33	34	35	36	37	38	39	40
41	42	43	44	45	46	47	48	49	50
51	52	53	54	55	56	57	58	59	60
61	62	63	64	65	66	67	68	69	70
71	72	73	74	75	76	77	78	79	80
81	82	83	84	85	86	87	88	89	90
91	92	93	94	95	96	97	98	99	100

믿음생활을 잘하게 해 달라는 기도

하나님 아버지! 하나님의 이름이 거룩히 여김 받으시기를 원합니다.

하나님! 나는 하나님을 잘 믿고 싶어요. 그런데 교회만 가면 떠들게 되고, 선생님 말씀도 안 듣곤 합니다. 이런 잘못된 행동을 고치게 해 주세요. 그래서 성경말씀을 잘 배우고 기도와 찬송도 열심히 하고 무엇이든지 잘하게 해 주세요.

목사님 말씀을 귀 기울여 듣고, 선생님 말씀에 순종도 잘하게 해 주세요. 내가 교회에서 칭찬받는 믿음을 가지고 하나님을 잘 섬겨서 하나님께 복 받게 해 주세요.

나라와 권세와 영광이 하나님께만 있습니다. 예수님의 이름으로 기도드립니다. 아멘.

Prayer Note

✈️ 기도 후 체크하세요

1	2	3	4	5	6	7	8	9	10
11	12	13	14	15	16	17	18	19	20
21	22	23	24	25	26	27	28	29	30
31	32	33	34	35	36	37	38	39	40
41	42	43	44	45	46	47	48	49	50
51	52	53	54	55	56	57	58	59	60
61	62	63	64	65	66	67	68	69	70
71	72	73	74	75	76	77	78	79	80
81	82	83	84	85	86	87	88	89	90
91	92	93	94	95	96	97	98	99	100

전도하기 위한 기도

하나님 아버지! 하나님의 이름이 거룩히 여김 받으시기를 원합니다.

하나님! 내가 하나님 말씀을 전할 줄 아는 사람이 되게 해 주세요. 나에게 전도의 은사를 주셔서 친구들을 만나면 전도할 수 있게 해 주세요.

예수님이 가르쳐 주신 관계 맺는 방법대로 믿지 않는 친구들을 만나고 좋은 것을 나누어 주고, 그 친구들이 하나님을 믿지 못하게 방해하는 마귀나 귀신을 물리치는 기도를 하여 예수님을 전하게 해 주세요.

내가 전도하여 많은 사람을 구원받게 하면 하나님이 기뻐하시니 꼭 그렇게 되게 해 주세요. 나는 하나님이 기뻐하시는 일을 하고 싶어요.
 나라와 권세와 영광이 하나님께만 있음을 고백합니다.
 예수님의 이름으로 기도드립니다. 아멘.

Prayer Note

✏️ 기도 후 체크하세요

1	2	3	4	5	6	7	8	9	10
11	12	13	14	15	16	17	18	19	20
21	22	23	24	25	26	27	28	29	30
31	32	33	34	35	36	37	38	39	40
41	42	43	44	45	46	47	48	49	50
51	52	53	54	55	56	57	58	59	60
61	62	63	64	65	66	67	68	69	70
71	72	73	74	75	76	77	78	79	80
81	82	83	84	85	86	87	88	89	90
91	92	93	94	95	96	97	98	99	100

목자를 잘하게 해 달라는 기도

 하나님 아버지! 하나님의 이름이 거룩히 여김 받으시기를 원합니다.
 하나님! 내가 목자가 되었어요. 내가 목자를 잘할 수 있도록 도와 주세요. 목장원들을 잘 이끌어 갈 수 있게 해 주세요.
 필요한 말을 골라서 할 줄 알고 목장원들을 위해 기도하고 성경도 잘 가르치고 전화도 자주 해야 하는데, 이런 것들을 잘할 수 있도록 도와 주세요. 내가 목장원들을 잘 훈련시켜 목자로 만들고 100개의 목장을 할 수 있도록 도와 주세요.
 나라와 권세와 영광이 하나님께만 있습니다.
 예수님의 이름으로 기도드립니다. 아멘.

Prayer Note

✏️ 기도 후 체크하세요

1	2	3	4	5	6	7	8	9	10
11	12	13	14	15	16	17	18	19	20
21	22	23	24	25	26	27	28	29	30
31	32	33	34	35	36	37	38	39	40
41	42	43	44	45	46	47	48	49	50
51	52	53	54	55	56	57	58	59	60
61	62	63	64	65	66	67	68	69	70
71	72	73	74	75	76	77	78	79	80
81	82	83	84	85	86	87	88	89	90
91	92	93	94	95	96	97	98	99	100

믿음이 떨어졌을 때 영적인 힘을 얻기 위한 기도

하나님 아버지! 하나님의 이름이 거룩히 여김 받으시기를 원합니다.

하나님! 내가 요즘 교회 가는 것이 싫어져요. 마귀가 나를 병들게 하여 하나님 믿는 믿음을 떨어지게 합니다. 그래서 하나님께 기도드립니다.

내 믿음을 떨어뜨리는 마귀를 쫓아 주셔서 다시 믿음이 회복되게 해 주세요. 찬송하고 엎드려 기도하고 교회 가는 것이 즐겁게 해 주세요.

하나님은 나의 하나님이십니다.
하나님은 나의 전능자이십니다.
하나님은 나의 창조주이십니다.
하나님은 나의 구원자이십니다.

하나님은 나의 치료자이십니다.
하나님은 나의 생명이십니다.
하나님은 나의 소망이십니다.
하나님은 나의 평안이십니다.
하나님은 나의 능력이십니다.
하나님은 나의 축복이십니다.
하나님은 나의 반석이시며, 산성이십니다.
나의 힘이 되신 하나님을 사랑합니다.
나의 믿음을 떨어뜨리는 마귀는 나의 마음 속에서 떠나가라! 예수님의 이름으로 명령하니 떠나가라! (3번 반복)

나라와 권세와 영광이 하나님께만 있음을 고백합니다.

예수님의 이름으로 기도드립니다. 아멘.

Prayer Note

✈ 기도 후 체크하세요

1	2	3	4	5	6	7	8	9	10
11	12	13	14	15	16	17	18	19	20
21	22	23	24	25	26	27	28	29	30
31	32	33	34	35	36	37	38	39	40
41	42	43	44	45	46	47	48	49	50
51	52	53	54	55	56	57	58	59	60
61	62	63	64	65	66	67	68	69	70
71	72	73	74	75	76	77	78	79	80
81	82	83	84	85	86	87	88	89	90
91	92	93	94	95	96	97	98	99	100

시험이 들었을 때 하는 기도

하나님 아버지! 하나님의 이름이 거룩히 여김 받으시기를 원합니다.

하나님! 내가 다른 사람과 주변환경 때문에 시험이 들었어요. 이 시험을 이기게 해 주세요. 나를 시험하는 마귀를 물리쳐 주세요.

빨리 이 시험을 이기고 교회에서 하나님을 찬송하고 기도하며 말씀을 듣게 해 주세요. 앞으로 이런 시험이 올 때 가볍게 물리치고 시험들지 않게 해 주세요.

나라와 권세와 영광이 하나님께만 있습니다. 예수님의 이름으로 기도드립니다. 아멘.

Prayer Note

🖌️ 기도 후 체크하세요

1	2	3	4	5	6	7	8	9	10
11	12	13	14	15	16	17	18	19	20
21	22	23	24	25	26	27	28	29	30
31	32	33	34	35	36	37	38	39	40
41	42	43	44	45	46	47	48	49	50
51	52	53	54	55	56	57	58	59	60
61	62	63	64	65	66	67	68	69	70
71	72	73	74	75	76	77	78	79	80
81	82	83	84	85	86	87	88	89	90
91	92	93	94	95	96	97	98	99	100

좋은 친구를 얻기 위한 기도

 하나님이 만드신 나를 통하여 하나님의 이름이 거룩히 여김 받으시기를 원합니다.
 하나님! 나는 학교나 교회에서 좋은 친구를 만나 사귀고 싶어요. 하지만 어떤 친구가 좋은 친구인지 구분하기가 어려워요. 하나님께서 지혜를 주셔서 좋은 친구를 구분하게 해 주세요.
 착하고 올바른 친구, 사랑이 많아서 남을 이해하고 배려하는 친구, 밝은 마음을 가진 믿음이 좋은 친구를 만났으면 좋겠어요. 하나님께서 도와 주세요.
 나라와 권세와 영광이 하나님께만 있습니다.
 예수님의 이름으로 기도드립니다. 아멘.

Prayer Note

기도 후 체크하세요

1	2	3	4	5	6	7	8	9	10
11	12	13	14	15	16	17	18	19	20
21	22	23	24	25	26	27	28	29	30
31	32	33	34	35	36	37	38	39	40
41	42	43	44	45	46	47	48	49	50
51	52	53	54	55	56	57	58	59	60
61	62	63	64	65	66	67	68	69	70
71	72	73	74	75	76	77	78	79	80
81	82	83	84	85	86	87	88	89	90
91	92	93	94	95	96	97	98	99	100

이성친구를 사귀기 위한 기도

하나님 아버지! 하나님의 이름이 영원히 거룩히 여김 받으시기를 원합니다.

하나님, 나는 이성친구를 사귀고 싶어요. 그런데 어떤 친구를 만나야 할지 모르겠어요. 그래서 하나님께 도움을 청합니다. 좋은 이성친구를 사귈 수 있도록 도와 주세요.

하나님을 믿는 믿음이 좋은 친구, 기도도 잘하는 친구였으면 좋겠어요. 건강하고 착한 마음씨로 친구를 사랑하며 도울 줄 알고, 친구와 많은 대화를 할 줄 아는 지혜로운 친구였으면 좋겠어요.

나라와 권세와 영광이 하나님께만 있습니다. 예수님의 이름으로 기도드립니다. 아멘.

Prayer Note

_____
_____
_____

✈️ 기도 후 체크하세요

1	2	3	4	5	6	7	8	9	10
11	12	13	14	15	16	17	18	19	20
21	22	23	24	25	26	27	28	29	30
31	32	33	34	35	36	37	38	39	40
41	42	43	44	45	46	47	48	49	50
51	52	53	54	55	56	57	58	59	60
61	62	63	64	65	66	67	68	69	70
71	72	73	74	75	76	77	78	79	80
81	82	83	84	85	86	87	88	89	90
91	92	93	94	95	96	97	98	99	100

친구와 다투고 헤어졌을 때 하는 기도

하나님 아버지! 하나님의 이름이 거룩히 여김 받으시기를 원합니다.

하나님! 친구와 다투고 헤어졌어요. 그래서 지금 마음이 많이 아파요. 친구와 헤어지는 것이 괴롭다는 것을 알았어요.

친구도 나처럼 마음이 아플 것 같은데, 하나님께서 그 친구와 내 마음에 평안을 주세요. 그리고 다시는 친구들과 헤어지는 일을 겪지 않게 해 주세요. 나는 그 친구와 다시 좋은 관계로 만났으면 좋겠어요.

나도 잘못한 것이 있어요. 내가 조금 더 참았으면 되는데 그렇게 하지 못했어요. 하나님은 다투는 걸 싫어하시지요? 다음부터는 오래 참을 수 있는 마음을 주셔서 친구들과 다투지 않게 해 주세요.

 내가 잘못된 것을 고쳐서 더 성숙한 사람이 되게 해 주세요. 하나님! 나의 기도를 들어주셔서 감사합니다.

 나라와 권세와 영광이 하나님께만 있음을 고백합니다.

 예수님의 이름으로 기도드립니다. 아멘.

Prayer Note

_____
_____
_____

✏️ 기도 후 체크하세요

1	2	3	4	5	6	7	8	9	10
11	12	13	14	15	16	17	18	19	20
21	22	23	24	25	26	27	28	29	30
31	32	33	34	35	36	37	38	39	40
41	42	43	44	45	46	47	48	49	50
51	52	53	54	55	56	57	58	59	60
61	62	63	64	65	66	67	68	69	70
71	72	73	74	75	76	77	78	79	80
81	82	83	84	85	86	87	88	89	90
91	92	93	94	95	96	97	98	99	100

친구에게 배신당했을 때 하는 기도

 하나님 아버지! 하나님의 이름이 거룩히 여김 받으시기를 원합니다.
 하나님! 친구에게 배신을 당했어요. 마음이 너무 괴로워서 잠도 오지 않아요. 머릿속이 복잡하고 생각할수록 분하기도 하고 그 친구가 밉고 원망스러워요.
 하나님! 가롯 유다가 예수님을 배신했을 때 예수님은 얼마나 괴로우셨을까요? 지금 나보다 더 괴로운 것을 참으신 예수님이 생각나요. 나도 억울하고 괴롭지만 참고, 예수님이 이웃을 사랑하라고 말씀하셨으니 순종할께요.
 나를 배신한 친구를 용서합니다. 그 친구를 용서합니다. 용서합니다. 그리고 그 친구가 하나님을 잘 믿고 구원받아 복 받는 친구가 되기를 원합니다.
 나라와 권세와 영광이 하나님께만 있음을 고백합니다.
 예수님의 이름으로 기도드립니다. 아멘.

Prayer Note

✏️ 기도 후 체크하세요

1	2	3	4	5	6	7	8	9	10
11	12	13	14	15	16	17	18	19	20
21	22	23	24	25	26	27	28	29	30
31	32	33	34	35	36	37	38	39	40
41	42	43	44	45	46	47	48	49	50
51	52	53	54	55	56	57	58	59	60
61	62	63	64	65	66	67	68	69	70
71	72	73	74	75	76	77	78	79	80
81	82	83	84	85	86	87	88	89	90
91	92	93	94	95	96	97	98	99	100

공부를 잘하게 해 달라는 기도

 하나님 아버지! 하나님의 이름이 거룩히 여김 받으시기를 원합니다.
 하나님! 나는 공부를 잘하고 싶어요. 그런데 내 생각대로 안 됩니다. 머릿속이 복잡해서 그런 것 같아요.
 공부가 잘 되도록 도와 주세요. 하나님은 전능하시니 무엇이든 하실 수 있는 것을 믿습니다. 공부를 잘할 수 있게 도와 주세요. 머리가 좋아지게 해 주시고 지혜와 지식과 명철의 은사를 주셔서 공부를 잘하게 해 주세요.
 나라와 권세와 영광이 하나님께만 있습니다.
 예수님의 이름으로 기도드립니다. 아멘.

Prayer Note

_____

_____

_____

✈ 기도 후 체크하세요

1	2	3	4	5	6	7	8	9	10
11	12	13	14	15	16	17	18	19	20
21	22	23	24	25	26	27	28	29	30
31	32	33	34	35	36	37	38	39	40
41	42	43	44	45	46	47	48	49	50
51	52	53	54	55	56	57	58	59	60
61	62	63	64	65	66	67	68	69	70
71	72	73	74	75	76	77	78	79	80
81	82	83	84	85	86	87	88	89	90
91	92	93	94	95	96	97	98	99	100

공부가 하기 싫을 때 하는 기도

하나님 아버지! 하나님의 이름이 거룩히 여김 받으시기를 원합니다.

하나님! 나는 공부가 너무 하기 싫어요. 학교에 가도 공부, 집에 와도 공부, 공부 소리만 들으면 머리가 아프고 기분이 나빠져요. 공부하지 않고 사는 방법은 없을까 생각할 때도 많아요. 하지만 어른들은 공부하지 않으면 미래가 없다고 말씀하세요.

하나님! 나에게도 공부하고 싶어 하는 마음을 주세요. 나도 공부를 잘하는 아이들처럼 공부에 열중하게 해 주세요. 내 노력으로는 잘 안 됩니다. 하나님께서 도와 주세요.

공부하는 것이 재미있고, 책 내용이 머리에 쏙쏙 들어가게 해 주세요. 기억력도 좋게 해 주시고 지혜와 지식의 은사도 주세요. 그래서 나도 하나님의 자녀로서 빛나게 해 주세요. 하나님! 꼭 도와 주세요.

 나라와 권세와 영광이 하나님께만 있습니다. 예수님의 이름으로 기도드립니다. 아멘.

Prayer Note

_____

_____

_____

✏️ 기도 후 체크하세요

1	2	3	4	5	6	7	8	9	10
11	12	13	14	15	16	17	18	19	20
21	22	23	24	25	26	27	28	29	30
31	32	33	34	35	36	37	38	39	40
41	42	43	44	45	46	47	48	49	50
51	52	53	54	55	56	57	58	59	60
61	62	63	64	65	66	67	68	69	70
71	72	73	74	75	76	77	78	79	80
81	82	83	84	85	86	87	88	89	90
91	92	93	94	95	96	97	98	99	100

부모님에게 야단맞았을 때 하는 기도

 하나님 아버지! 하나님의 이름이 거룩히 여김 받으시기를 원합니다.
 하나님! 오늘 부모님에게 야단을 맞았어요. 솔직히 말씀드리면 야단맞는 것은 기분이 나쁩니다. 하지만 내가 잘못해서 받은 벌이니 곧 잊어버리게 해 주세요. 그리고 이번 일로 반성하고 부모님께 야단맞을 일을 하지 않도록 도와 주세요.
 부모님도 화가 많이 나셨어요. 또 저를 야단치고 마음이 괴로우신 것 같아요. 하나님이 부모님의 마음을 평안하게 해 주세요.
 나라와 권세와 영광이 하나님께만 있습니다. 예수님의 이름으로 기도드립니다. 아멘.

Prayer Note

✈ 기도 후 체크하세요

1	2	3	4	5	6	7	8	9	10
11	12	13	14	15	16	17	18	19	20
21	22	23	24	25	26	27	28	29	30
31	32	33	34	35	36	37	38	39	40
41	42	43	44	45	46	47	48	49	50
51	52	53	54	55	56	57	58	59	60
61	62	63	64	65	66	67	68	69	70
71	72	73	74	75	76	77	78	79	80
81	82	83	84	85	86	87	88	89	90
91	92	93	94	95	96	97	98	99	100

선생님에게 야단맞았을 때 하는 기도

하나님 아버지! 하나님의 이름이 거룩히 여김 받으시기를 원합니다.

하나님! 선생님에게 야단을 맞았어요. 내 잘못인데도 기분이 안 좋아요. 야단맞는 것은 싫지만 그래도 나를 위해서 잘못된 것은 고쳐야 한다는 것을 알았어요. 다음에는 같은 일로 야단맞지 않게 해 주세요. 나의 실수와 잘못을 고쳐서 더 올바른 사람이 되게 해 주세요.

나라와 권세와 영광이 하나님께만 있습니다. 예수님의 이름으로 기도드립니다. 아멘.

Prayer Note

_____

_____

_____

✏️ 기도 후 체크하세요

1	2	3	4	5	6	7	8	9	10
11	12	13	14	15	16	17	18	19	20
21	22	23	24	25	26	27	28	29	30
31	32	33	34	35	36	37	38	39	40
41	42	43	44	45	46	47	48	49	50
51	52	53	54	55	56	57	58	59	60
61	62	63	64	65	66	67	68	69	70
71	72	73	74	75	76	77	78	79	80
81	82	83	84	85	86	87	88	89	90
91	92	93	94	95	96	97	98	99	100

형제·자매와 다투었을 때 하는 기도

 하나님 아버지! 하나님의 이름이 거룩히 여김 받으시기를 원합니다.
 하나님! (형제·자매의 이름)와 다투었어요. 가족끼리 다투지 않아야 하는데 참지 못하고 화를 냈어요. 내 잘못을 회개합니다. 예수님의 이름으로 용서해 주세요. 그리고 다음부터는 화가 나는 일이 있어도 참고, (형제·자매의 이름)와 다투지 않겠습니다.
 나라와 권세와 영광이 하나님께만 있습니다. 예수님의 이름으로 기도드립니다. 아멘.

Prayer Note

_____
_____
_____

✏️ 기도 후 체크하세요

1	2	3	4	5	6	7	8	9	10
11	12	13	14	15	16	17	18	19	20
21	22	23	24	25	26	27	28	29	30
31	32	33	34	35	36	37	38	39	40
41	42	43	44	45	46	47	48	49	50
51	52	53	54	55	56	57	58	59	60
61	62	63	64	65	66	67	68	69	70
71	72	73	74	75	76	77	78	79	80
81	82	83	84	85	86	87	88	89	90
91	92	93	94	95	96	97	98	99	100

왕자병 치료를 위한 기도

 하나님의 아버지의 이름이 거룩히 여김 받으시기를 원합니다.
 하나님! 사람들이 나에게 왕자병이 있다고 말합니다. 그래서 저를 멀리하는 것 같아요. 내가 이것 때문에 친구들에게서 이상한 눈초리를 받거나 왕따를 당하는 일이 없게 해 주세요. 나의 잘못된 것을 고쳐 주셔서 친구들과 잘 어울리고 사이좋게 지내게 해 주세요.
 나라와 권세와 영광이 하나님께만 있습니다. 예수님의 이름으로 기도드립니다. 아멘.

Prayer Note

✂️ 기도 후 체크하세요

1	2	3	4	5	6	7	8	9	10
11	12	13	14	15	16	17	18	19	20
21	22	23	24	25	26	27	28	29	30
31	32	33	34	35	36	37	38	39	40
41	42	43	44	45	46	47	48	49	50
51	52	53	54	55	56	57	58	59	60
61	62	63	64	65	66	67	68	69	70
71	72	73	74	75	76	77	78	79	80
81	82	83	84	85	86	87	88	89	90
91	92	93	94	95	96	97	98	99	100

공주병 치료를 위한 기도

하나님 아버지! 하나님의 이름이 거룩히 여김 받으시기를 원합니다.

하나님! 내가 튀는 행동을 많이 하고 공주병이 있다는 말을 많이 듣습니다. 하나님께서 자기중심적인 나의 태도를 고쳐 주셔서, 다른 사람들과 잘 어울리며 지내게 해 주세요. 나만 생각하는 이기적인 모습들을 하루빨리 버릴 수 있게 도와 주세요.

나라와 권세와 영광이 하나님께만 있습니다. 예수님의 이름으로 기도드립니다. 아멘.

Prayer Note

✈️ 기도 후 체크하세요

1	2	3	4	5	6	7	8	9	10
11	12	13	14	15	16	17	18	19	20
21	22	23	24	25	26	27	28	29	30
31	32	33	34	35	36	37	38	39	40
41	42	43	44	45	46	47	48	49	50
51	52	53	54	55	56	57	58	59	60
61	62	63	64	65	66	67	68	69	70
71	72	73	74	75	76	77	78	79	80
81	82	83	84	85	86	87	88	89	90
91	92	93	94	95	96	97	98	99	100

기분이 나쁠 때 하는 기도

하나님 아버지! 하나님의 이름이 거룩히 여김 받으시기를 원합니다.

하나님! 기분이 나쁠 때는 어떻게 해야 할까요? 지금 기분이 안 좋은데 어떻게 해야 할지 모르겠어요.

내 마음에 평안을 주셔서 기분이 좋아지게 해 주세요. 그리고 마음에 소망을 주시고 기쁨을 주세요. 내가 매일매일 좋은 기분으로 하나님을 찬송하고 기도할 수 있게 도와 주세요.

나라와 권세와 영광이 하나님께만 있습니다.

예수님의 이름으로 기도드립니다. 아멘.

Prayer Note

✒️ 기도 후 체크하세요

1	2	3	4	5	6	7	8	9	10
11	12	13	14	15	16	17	18	19	20
21	22	23	24	25	26	27	28	29	30
31	32	33	34	35	36	37	38	39	40
41	42	43	44	45	46	47	48	49	50
51	52	53	54	55	56	57	58	59	60
61	62	63	64	65	66	67	68	69	70
71	72	73	74	75	76	77	78	79	80
81	82	83	84	85	86	87	88	89	90
91	92	93	94	95	96	97	98	99	100

03부

단체를 위한 기도

교회에서 하는 대표기도

1) 하나님 아버지의 이름이 우리교회와 어린이들을 통하여 거룩히 여김 받으시기 원합니다. 우리교회와 어린이들이 하나님의 이름을 거룩하게 하는 일만 하게 해 주세요.
2) 하나님 나라가 우리교회와 어린이들에게 이루어지기 원합니다. 그래서 우리교회와 어린이들에게 의와 평강과 기쁨이 있게 해 주세요. 또 하나님이 왕이 되어 다스려 주세요.
3) 하나님의 뜻이 우리교회와 어린이들에게 이루어지기 원합니다. 그래서 모두 구원받고 하나님의 뜻을 알아 감사드리고, 하나님의 뜻을 이루어 드리는 사람이 되게 해 주세요.
4) 하나님! 이 시간에 죄인들을 구원해 주시고 세상과 마귀로부터 지켜 주신 은혜에 감

사하여 예배를 드립니다. 우리에게 일용할 양식과 잠자리를 주시고, 건강하여 예배드릴 수 있게 해 주셔서 감사합니다.

여러 가지 하나님 은혜에 감사하여 몸과 마음과 물질을 드려 경배합니다. 그리고 마음과 뜻을 다하여 하나님을 사랑합니다. 우리가 드리는 예배를 받아주세요.

하나님! 우리교회 교회학교가 크게 부흥하게 해 주세요. 담임목사님과 부서 담당 목사님과 전도사님에게 영적인 능력과 지식과 지혜와 건강을 주세요.

우리들도 믿음생활 잘하고 교회에서 순종하고 말씀을 잘 배워, 다윗 왕과 에스더 왕후와 같은 믿음의 사람이 되게 해 주세요.

5) 하나님! 우리에게 상처를 준 사람들을 용서합니다. 그 사람들이 하나님을 믿고 구원받아 복 받기를 원합니다.

6) 우리가 예수님 말씀에 순종하여 우리에게 죄 지은 사람들을 용서해 준 것 같이 우리의 죄도 용서해 주세요. 우리들도 죄인이고 많은 죄가 있습니다. 이 시간에 회개하니 예수님의 보혈로 용서해 주세요.

7) 하나님! 우리교회와 어린이들이 시험에 들지 않게 해 주세요. 마귀가 시험하지 못하도록 지켜 주세요.

8) 하나님! 우리교회와 어린이들을 악에서 구원해 주세요. 우리에게 있는 많은 악을 깨닫게 해 주시고, 그 악에서 구원해 달라고 기도하는 어린이들이 되게 해 주세요.
 우리들이 변화되고 새사람이 되어 하나님을 기쁘게 하는 사람이 되게 해 주세요.

9) 나라와 권세와 영광이 영원히 하나님 아버지께만 있음을 고백합니다.

10) 예수님의 이름으로 기도드립니다. 아멘.

Prayer Note

✈️ 기도 후 체크하세요

1	2	3	4	5	6	7	8	9	10
11	12	13	14	15	16	17	18	19	20
21	22	23	24	25	26	27	28	29	30
31	32	33	34	35	36	37	38	39	40
41	42	43	44	45	46	47	48	49	50
51	52	53	54	55	56	57	58	59	60
61	62	63	64	65	66	67	68	69	70
71	72	73	74	75	76	77	78	79	80
81	82	83	84	85	86	87	88	89	90
91	92	93	94	95	96	97	98	99	100

가정에서 하는 대표기도

1) 하나님 아버지의 이름이 우리가족을 통하여 거룩히 여김 받으시기 원합니다. 우리가족이 하나님의 이름을 거룩하게 하는 일만 하게 해 주세요.
2) 하나님 나라가 우리가족에게 이루어지게 해 주세요. 그래서 우리가족에게 의와 평강과 기쁨이 있게 해 주세요. 또 하나님이 왕이 되어 우리가족을 다스려 주세요.
3) 하나님의 뜻이 우리가족에게 이루어지기 원합니다. 우리가족이 모두 구원받고 하나님의 뜻을 알아 감사드리고, 하나님의 뜻을 이루어 드리는 가족이 되게 해 주세요.
4) 하나님! 이 시간에 죄인을 구원해 주시고 세상과 마귀로부터 지켜 주신 은혜에 감사

하여 예배를 드립니다. 우리에게 일용할 양식과 잠자리를 주시고 건강을 주셔서 감사합니다.

여러 가지 하나님 은혜에 감사하여 몸과 마음을 드려 경배합니다. 그리고 마음과 뜻을 다하여 하나님을 사랑합니다. 우리가 드리는 예배를 받아주세요.

하나님! 우리 가족이 하나님을 잘 믿어 복 받게 해 주세요. 교회에 충실하고 하나님께 헌신하는 가족이 되게 해 주세요. 그리고 서로 사랑하는 가족이 되게 해 주세요.

우리가정에 필요한 양식을 공급해 주시고, 우리가 공부하는 데 필요한 비용이 부족하지 않게 해 주세요. 엄마, 아빠가 건강하게 오래오래 살게 해 주시고, 부모를 공경하라는 말씀처럼 부모님께 효도하게 해 주세요.

5) 하나님! 우리가족에게 아픔과 상처를 준

사람들을 용서합니다. 그 사람들이 하나님을 믿고 구원받아 복 받게 해 주세요.

6) 우리가 예수님 말씀에 순종하여 다른 사람을 용서해 준 것 같이 우리가족의 죄도 용서해 주세요. 우리도 죄인이고 많은 죄가 있어요. 예수님의 보혈로 사해 주세요.

7) 하나님! 우리가족이 시험에 들지 않게 해 주세요. 마귀가 시험하지 못하도록 지켜 주세요.

8) 우리가족을 악에서 구원해 주세요. 우리가족에게는 많은 악이 있습니다. 그 악을 알게 해 주시고 악에서 구원해 달라고 기도하는 가족이 되게 해 주세요. 그래서 하나님을 기쁘게 하는 가족이 되게 해 주세요.

9) 나라와 권세와 영광이 영원히 하나님 아버지께만 있음을 고백합니다.

10) 예수님의 이름으로 기도드립니다. 아멘.

Prayer Note

✈️ 기도 후 체크하세요

1	2	3	4	5	6	7	8	9	10
11	12	13	14	15	16	17	18	19	20
21	22	23	24	25	26	27	28	29	30
31	32	33	34	35	36	37	38	39	40
41	42	43	44	45	46	47	48	49	50
51	52	53	54	55	56	57	58	59	60
61	62	63	64	65	66	67	68	69	70
71	72	73	74	75	76	77	78	79	80
81	82	83	84	85	86	87	88	89	90
91	92	93	94	95	96	97	98	99	100

목장에서 하는 대표기도

1) 하나님 아버지의 이름이 우리목장과 목장원들을 통해 거룩히 여김 받으시기를 원합니다. 우리목장과 목장원들이 하나님의 이름을 거룩하게 하는 일만 하게 해 주세요.
2) 하나님 나라가 우리목장과 목장원들에게 임하여 의와 평강과 기쁨이 있게 해 주세요. 또 하나님이 왕이 되어 다스려 주세요.
3) 하나님의 뜻이 우리목장과 목장원들에게 이루어지기 원합니다. 그래서 모두 구원받고 하나님의 뜻을 알아 감사드리고, 하나님의 뜻을 이루어 드리는 순종하는 목장원들이 되게 해 주세요.
4) 하나님! 죄인을 구원해 주시고 세상과 마귀로부터 지켜 주신 은혜에 감사하여 예배를

드립니다. 우리에게 필요한 양식과 편히 쉴 수 있는 곳과 또 건강을 주셔서 감사합니다. 여러 가지 하나님 은혜에 감사하여 몸과 마음과 물질을 드려 경배합니다. 그리고 마음과 뜻과 힘을 다하여 하나님을 사랑합니다. 우리가 드리는 예배를 받아주세요.

 하나님! 우리 목장이 크게 부흥하게 해 주세요. 목장원들이 믿음생활을 잘하고 순종하며 말씀을 잘 배워서 믿음의 사람들이 되게 해 주세요.

5) 하나님! 우리목장과 목장원들에게 상처를 준 사람들을 용서합니다. 그 사람들이 하나님을 믿고 구원받아 복 받게 해 주세요.

6) 우리가 예수님 말씀에 순종하여 우리에게 잘못한 사람들을 용서해 준 것 같이 우리 목장과 목장원들의 잘못도 용서해 주세요. 예수님의 보혈로 사해 주세요.

7) 우리목장과 목장원들이 시험에 들지 않게 해 주시고, 마귀가 시험하지 못하도록 지켜 주세요.

8) 우리목장과 목장원들을 악에서 구원해 주세요. 우리에게는 많은 악이 있습니다. 그 악을 깨닫게 해 주시고 악에서 구원해 달라고 기도하는 목장원들이 되게 해 주세요. 그래서 악에서 구출되고 변화되어 하나님을 기쁘게 하는 목장원들이 되게 해 주세요.

9) 나라와 권세와 영광이 영원히 하나님 아버지께만 있습니다.

10) 예수님의 이름으로 기도드립니다. 아멘.

Prayer Note

🖍️ 기도 후 체크하세요

1	2	3	4	5	6	7	8	9	10
11	12	13	14	15	16	17	18	19	20
21	22	23	24	25	26	27	28	29	30
31	32	33	34	35	36	37	38	39	40
41	42	43	44	45	46	47	48	49	50
51	52	53	54	55	56	57	58	59	60
61	62	63	64	65	66	67	68	69	70
71	72	73	74	75	76	77	78	79	80
81	82	83	84	85	86	87	88	89	90
91	92	93	94	95	96	97	98	99	100

가족들 식사 대표기도

하나님 아버지의 이름이 거룩히 여김 받으시기를 원합니다.

하나님! 오늘 우리가족이 모여 함께 식사할 수 있게 해 주셔서 감사드립니다. (아빠, 엄마, 할아버지, 할머니, 형, 누나, 동생)이 하나님을 잘 믿어 구원받고 복을 받게 해 주세요. 그리고 언제나 우리에게 필요한 양식을 주시기를 기도합니다.

나라와 권세와 영광이 하나님께만 있습니다. 예수님의 이름으로 기도드립니다. 아멘.

Prayer Note

✈️ 기도 후 체크하세요

1	2	3	4	5	6	7	8	9	10
11	12	13	14	15	16	17	18	19	20
21	22	23	24	25	26	27	28	29	30
31	32	33	34	35	36	37	38	39	40
41	42	43	44	45	46	47	48	49	50
51	52	53	54	55	56	57	58	59	60
61	62	63	64	65	66	67	68	69	70
71	72	73	74	75	76	77	78	79	80
81	82	83	84	85	86	87	88	89	90
91	92	93	94	95	96	97	98	99	100

04부

가정을 위한 기도

하나님을 믿는
아빠(엄마)를 위한 기도

1) 하나님 아버지! 하나님의 이름이 거룩히 여김 받으시기를 원합니다. 아빠(엄마)가 하나님의 이름을 거룩하게 하는 사람이 되게 해 주세요.

2) 하나님의 나라가 아빠(엄마)의 심령에 항상 있게 해 주세요. 그래서 아빠(엄마)의 마음속에 천국이 이루어져 의와 평강과 기쁨이 있게 해 주세요.

3) 하나님의 뜻이 하늘에서 이루어진 것 같이 아빠(엄마)에게도 이루어지게 해 주세요. 아빠(엄마)가 하나님의 뜻을 깨닫고 이루어 드리는 사람이 되게 해 주세요.

4) 하나님! 우리 아빠(엄마)가 하나님을 잘 믿고 교회에서 충성하고 헌신하는 일꾼이

되게 해 주세요. 또 아빠(엄마)가 우리를 신앙으로 잘 인도하게 해 주세요. 하나님께 복을 많이 받아 아빠(엄마)가 하는 일이 잘 되어 항상 기뻐하셨으면 좋겠어요.

 하나님! 아빠(엄마)가 엄마(아빠)와 항상 좋은 사이가 되기를 원합니다. 그리고 우리에게 사랑을 많이 주는 아빠(엄마)가 되게 해 주세요. 내가 커서 더 많이 효도할 때까지 오래오래 건강하게 살도록 해 주세요.

5) 하나님! 아빠(엄마)가 아빠(엄마)를 화나게 하고 힘들게 한 사람들을 용서하게 해 주세요. 그리고 아빠(엄마)를 힘들게 한 사람들이 하나님을 잘 믿어 구원받고 복 받게 해 주세요.

6) 하나님 말씀에 순종하여 아빠(엄마)가 다른 사람을 용서해 준 것 같이 아빠(엄마)의 잘못도 용서해 주세요. 예수님의 보혈로 사

함을 주세요.

7) 하나님! 아빠(엄마)가 시험에 들지 않도록 마귀로부터 지켜 주세요. 돈이나 아빠(엄마)가 하는 일이나 사람들 때문에 시험들지 않도록 지켜 주세요.

8) 아빠(엄마)를 악에서 구원해 주세요. 아빠(엄마)에게도 악이 있어요. 그 악을 발견하고 악에서 구원해 달라고 기도하는 아빠(엄마)가 되게 해 주세요.

 아빠(엄마)에게 (   )하는 악이 있습니다. 그 (   )하는 악에서 구원해 주세요. 그래서 악에서 구원받아 선하고 의로운 일을 행하여 복 받는 아빠(엄마)가 되게 해 주세요.

9) 나라와 권세와 영광이 영원히 하나님 아버지께만 있습니다.

10) 예수님의 이름으로 기도드립니다. 아멘.

Prayer Note

✈️ 기도 후 체크하세요

1	2	3	4	5	6	7	8	9	10
11	12	13	14	15	16	17	18	19	20
21	22	23	24	25	26	27	28	29	30
31	32	33	34	35	36	37	38	39	40
41	42	43	44	45	46	47	48	49	50
51	52	53	54	55	56	57	58	59	60
61	62	63	64	65	66	67	68	69	70
71	72	73	74	75	76	77	78	79	80
81	82	83	84	85	86	87	88	89	90
91	92	93	94	95	96	97	98	99	100

하나님을 믿지 않는
아빠(엄마)를 위한 기도

1) 하나님 아버지! 하나님의 이름이 거룩히 여김 받으시기를 원합니다. 아빠(엄마)가 하나님의 이름이 거룩하다는 것을 알게 해 주세요.

2) 하나님 나라가 하나님을 믿지 않는 아빠(엄마)의 마음에 임하기를 간절히 기도합니다. 그래서 아빠(엄마)의 마음속에도 천국이 이루어지게 해 주세요.

3) 하나님의 뜻이 하늘에서 이루어진 것 같이 아빠(엄마)에게도 이루어지게 해 주세요. 그래서 아빠(엄마)가 구원받고 하나님을 잘 믿어 천국 백성이 되게 해 주세요.

4) 하나님! 나의 소원은 우리 아빠(엄마)가 하나님을 믿어 교회의 다른 아빠(엄마)들처럼

충성하고 헌신하는 모습을 보는 것입니다. 아빠(엄마)가 하나님을 믿는 사람이 되어 우리를 신앙으로 잘 인도해 주셨으면 좋겠어요.
 그리고 하나님께 복을 많이 받아 아빠가 하는 일이 잘 되어서 항상 기뻐하게 해 주세요. 또 우리 아빠(엄마)가 엄마(아빠)와 항상 좋은 사이가 되게 해 주세요. 우리에게도 사랑을 많이 주는 아빠(엄마)가 되게 해 주세요. 내가 커서 더 많이 효도할 때까지 오래오래 건강하게 살도록 해 주세요.
5) 하나님! 아빠(엄마)가 아빠(엄마)를 화나게 하고 힘들게 한 사람들을 용서하게 해 주세요. 예수님 말씀처럼 남을 용서할 줄 아는 아빠(엄마)가 되게 해 주세요. 그리고 아빠(엄마)를 힘들게 한 사람들이 하나님을 잘 믿어 구원받고 복 받게 해 주세요.
6) 아빠(엄마)가 다른 사람을 용서해 준 것

같이 아빠(엄마)의 죄도 용서해 주세요. 예수님의 보혈로 사함을 주세요.

7) 하나님! 아빠(엄마)가 시험에 들지 않도록 마귀로부터 지켜 주세요. 돈이나 아빠(엄마)가 하는 일이나 사람들 때문에 시험들지 않도록 지켜 주세요.

8) 아빠(엄마)를 악에서 구원해 주세요. 아빠(엄마)에게도 악이 있어요. 그 악을 발견하게 해 주시고 악에서 구원해 주세요.

 아빠(엄마)에게 (   )하는 악이 있어요. (   )하는 악에서 구원해 주세요. 그래서 새사람이 되어 선과 의를 행하고 복 받는 아빠(엄마)가 되게 해 주세요.

9) 나라와 권세와 영광이 영원히 하나님 아버지께만 있습니다.

10) 예수님의 이름으로 기도드립니다. 아멘.

Prayer Note

기도 후 체크하세요

1	2	3	4	5	6	7	8	9	10
11	12	13	14	15	16	17	18	19	20
21	22	23	24	25	26	27	28	29	30
31	32	33	34	35	36	37	38	39	40
41	42	43	44	45	46	47	48	49	50
51	52	53	54	55	56	57	58	59	60
61	62	63	64	65	66	67	68	69	70
71	72	73	74	75	76	77	78	79	80
81	82	83	84	85	86	87	88	89	90
91	92	93	94	95	96	97	98	99	100

하나님을 믿는
할아버지(할머니)를 위한 기도

1) 하나님 아버지! 하나님의 이름이 거룩히 여김 받으시기 원합니다. 할아버지(할머니)가 하나님의 이름을 거룩하게 하는 분이 되게 해 주세요.

2) 하나님 나라가 할아버지(할머니)의 심령에 항상 있게 해 주세요. 그래서 할아버지(할머니)의 마음속에 언제나 의와 평강과 기쁨이 있게 해 주세요.

3) 하나님의 뜻이 하늘에서 이루어진 것 같이 할아버지(할머니)에게도 이루어지기를 원합니다. 할아버지(할머니)가 하나님의 뜻을 깨닫고 이루어 드리게 해 주세요.

4) 하나님! 할아버지(할머니)가 하나님을 잘 믿고 기도 많이 하는 분이 되게 해 주세요.

그리고 우리를 신앙으로 잘 인도하게 해 주시고 우리에게 사랑을 많이 주는 분이 되게 해 주세요.

할아버지(할머니)가 교회에서 충성하고 헌신하여 하나님을 기쁘게 하는 분이 되기를 원합니다. 하나님께 복도 많이 받고 할머니(할아버지)와 항상 사이좋게 오래오래 건강하게 살도록 해 주세요.

5) 하나님! 할아버지(할머니)를 화나게 하고 힘들게 한 사람들을 할아버지(할머니)가 용서해 주기를 원합니다. 그리고 그 사람들이 하나님을 잘 믿고 구원받아 복 받기를 원합니다.

6) 하나님 말씀에 순종하여 할아버지(할머니)가 다른 사람의 잘못을 용서해 준 것 같이 할아버지(할머니)의 잘못도 용서해 주세요. 예수님의 보혈로 사함을 주세요.

7) 하나님! 할아버지(할머니)가 시험에 들지 않도록 지켜 주세요. 돈이나 사람 때문에 시험 들지 않도록 해 주세요.

8) 할아버지(할머니)를 악에서 구원해 주세요. 할아버지(할머니)에게도 악이 있어요. 그 악을 발견하고 악에서 구원해 달라고 기도하게 해 주세요.

할아버지(할머니)에게 (　　　　)하는 악이 있어요. 그 (　　　　)악에서 구원해 주세요. 그래서 선하고 의로운 일을 행하여 복 받는 할아버지(할머니)가 되게 해 주세요.

9) 나라와 권세와 영광이 영원히 하나님 아버지께만 있습니다.

10) 예수님의 이름으로 기도드립니다. 아멘.

Prayer Note

✏️ 기도 후 체크하세요

1	2	3	4	5	6	7	8	9	10
11	12	13	14	15	16	17	18	19	20
21	22	23	24	25	26	27	28	29	30
31	32	33	34	35	36	37	38	39	40
41	42	43	44	45	46	47	48	49	50
51	52	53	54	55	56	57	58	59	60
61	62	63	64	65	66	67	68	69	70
71	72	73	74	75	76	77	78	79	80
81	82	83	84	85	86	87	88	89	90
91	92	93	94	95	96	97	98	99	100

하나님을 믿지 않는
할아버지(할머니)를 위한 기도

1) 하나님 아버지! 하나님의 이름이 거룩히 여김 받으시기를 원합니다. 할아버지(할머니)가 하나님을 믿지 않지만, 하나님의 이름이 거룩하다는 것을 알게 해 주세요.

2) 하나님 나라가 할아버지(할머니)의 마음속에 임하여 구원받기를 간절히 원합니다. 하나님께서 할아버지(할머니)에게 하나님 나라를 선물로 주셔서 구원받게 해 주세요. 그래서 할아버지(할머니)의 마음속에 천국이 이루어져 의와 평강과 기쁨이 있게 해 주세요.

3) 하나님의 뜻이 하늘에서 이루어진 것 같이 할아버지(할머니)에게도 이루어지기를 원합니다. 할아버지(할머니)가 하나님을 믿고 구원받아 하나님을 사랑하고, 하나님의 뜻을

깨달아 이루어 드리는 분이 되게 해 주세요.
4) 하나님! 할아버지(할머니)가 교회에 다녀서 은혜받게 해 주시고, 예수님을 구주로 영접하여 세례도 받게 해 주세요. 기도 많이 하는 할아버지(할머니)가 되어서 하나님이 부르실 때 천국에 들어가게 해 주세요.

 할아버지(할머니)가 지금부터라도 하나님 믿고, 교회에서 충성하고 열심히 헌신하여 하나님을 기쁘게 하는 사람이 되었으면 좋겠어요. 우리에게도 사랑을 많이 주시고, 할머니(할아버지)와 함께 사이좋게 오래오래 건강하게 살게 해 주세요.
5) 하나님! 할아버지(할머니)가 할아버지(할머니)를 화나게 하고 힘들게 한 사람들을 용서하게 해 주세요. 그리고 그 사람들이 하나님을 잘 믿고 구원받아 복 받게 해 주세요.
6) 하나님 말씀처럼 할아버지(할머니)가 다

른 사람의 죄를 용서해 준 것 같이 할아버지(할머니)의 죄도 용서해 주세요. 예수님의 보혈로 사함을 주세요.

7) 하나님! 할아버지(할머니)가 시험들지 않도록 마귀로부터 지켜 주세요. 돈이나 사람들 때문에 시험들지 않도록 지켜 주세요.

8) 할아버지(할머니)를 악에서 구원해 주세요. 할아버지(할머니)에게도 악이 있어요. 그 악을 발견하게 해 주시고 악에서 구원해 주세요.

할아버지(할머니)에게 (   )악이 있어요. 그 (   )악에서 구원해 주세요. 그래서 새사람이 되어 선과 의를 행하고 복받는 할아버지(할머니)가 되게 해 주세요.

9) 나라와 권세와 영광이 하나님 아버지께 영원히 있습니다.

10) 예수님의 이름으로 기도드립니다. 아멘.

Prayer Note

✈️ 기도 후 체크하세요

1	2	3	4	5	6	7	8	9	10
11	12	13	14	15	16	17	18	19	20
21	22	23	24	25	26	27	28	29	30
31	32	33	34	35	36	37	38	39	40
41	42	43	44	45	46	47	48	49	50
51	52	53	54	55	56	57	58	59	60
61	62	63	64	65	66	67	68	69	70
71	72	73	74	75	76	77	78	79	80
81	82	83	84	85	86	87	88	89	90
91	92	93	94	95	96	97	98	99	100

하나님을 믿는
형제(자매)를 위한 기도

1) 하나님 아버지의 이름이 거룩히 여김 받으시기를 원합니다. (형제(자매)의 이름)가 늘 하나님의 이름을 거룩하게 생각하고 행동하게 해 주세요.

2) (형제(자매)의 이름)의 마음속에 하나님 나라가 항상 있어서 의와 평강과 기쁨이 있게 해 주세요.

3) (형제(자매)의 이름)에게 하나님의 뜻이 이루어지고, (형제(자매)의 이름)가 하나님의 뜻을 깨달아 이루어 드리는 사람이 되게 해 주세요.

4) 하나님! (형제(자매)의 이름)가 하나님을 사랑하고 경외하는 지혜로운 사람이 되어 예배를 잘 드리고 하나님을 기쁘게 하는 사

람이 되게 해 주세요. 그리고 부모님을 공경하여 복 받는 사람이 되게 해 주세요.

(형제(자매)의 이름)가 아프지 않고 건강하게 해 주시고, 공부도 잘하여 부모님께 기쁨이 되는 자녀가 되게 해 주세요. 또 (형제(자매)의 이름)와 내가 서로 돕고 사이좋게 지내고 사랑하게 해 주세요.

5) 하나님! (형제(자매)의 이름)가 (형제(자매)의 이름)를 화나게 하고 힘들게 한 사람을 용서하게 해 주세요.

6) (형제(자매)의 이름)가 잘못하는 것도 많이 있어요. 예수님 말씀에 순종하여 다른 사람을 용서해 준 것처럼 (형제(자매)의 이름)의 죄도 용서해 주세요.

7) 하나님! (형제(자매)의 이름)가 시험에 들지 않도록 지켜 주세요. 가정에서 학교에서 또 여러 가지 일로 마귀가 시험하지 못하도

록 늘 지켜 주세요.

8) (형제(자매)의 이름)의 마음속에 있는 나쁜 악에서 구원해 주세요. (형제(자매)의 이름)에게는 (　　　) 악이 있어요. 그 악에서 구원해 주세요. 또 (　　　) 악이 있어요. 그 악에서 구원해 주세요.

9) 나라와 권세와 영광이 영원히 하나님께 있습니다.

10) 예수님의 이름으로 기도드립니다. 아멘.

Prayer Note

🖊️ 기도 후 체크하세요

1	2	3	4	5	6	7	8	9	10
11	12	13	14	15	16	17	18	19	20
21	22	23	24	25	26	27	28	29	30
31	32	33	34	35	36	37	38	39	40
41	42	43	44	45	46	47	48	49	50
51	52	53	54	55	56	57	58	59	60
61	62	63	64	65	66	67	68	69	70
71	72	73	74	75	76	77	78	79	80
81	82	83	84	85	86	87	88	89	90
91	92	93	94	95	96	97	98	99	100

하나님을 믿지 않는 형제(자매)를 위한 기도

1) 하나님 아버지의 이름이 거룩히 여김 받으시기를 원합니다. (형제(자매)의 이름)가 하나님의 이름이 거룩하다는 것을 알게 해 주세요.

2) (형제(자매)의 이름)의 마음속에 하나님 나라가 임하게 해 주세요. 그래서 천국이 이루어지고 구원받게 해 주세요.

3) (형제(자매)의 이름)에게 하나님의 뜻이 이루어져서 예수님을 영접하고 구원받아 천국에 가게 해 주세요.

4) 하나님! (형제(자매)의 이름)가 하나님을 믿고 구원받기를 원합니다. 나와 함께 교회에서 예배드리고 찬송도 부르며 하나님을 기쁘게 하면 좋겠어요. 그래서 나중에 천국

에서 만나 더 행복하게 살게 해 주세요. 하나님! 이 소원을 꼭 들어주세요.

그리고 (형제(자매)의 이름)가 부모님을 공경하여 복 받는 사람이 되게 해 주세요. 아프지 않고 건강하게 해 주시고 공부도 잘하여 부모님께 기쁨이 되게 해 주세요. 또 (형제(자매)의 이름)와 내가 서로 돕고 사이좋게 지내고 사랑하게 해 주세요.

5) 하나님! (형제(자매)의 이름)가 자기를 화나게 하고 힘들게 한 사람을 용서하게 해 주세요.

6) (형제(자매)의 이름)가 잘못하는 것도 많이 있어요. 예수님 말씀처럼 다른 사람을 용서해 줄 때 (형제(자매)의 이름)의 죄도 용서해 주세요.

7) 하나님! (형제(자매)의 이름)가 시험에 들지 않도록 지켜 주세요. 가정에서 학교에서

또 여러 가지 일로 마귀가 시험하지 못하도록 지켜 주세요.

8) (형제(자매)의 이름)의 마음속에 있는 나쁜 악에서 구원해 주세요. (형제(자매)의 이름)에게는 (　　　　) 악이 있어요. 그 악에서 구원해 주세요. 또 (　　　　) 악이 있어요. 그 악에서 구원해 주세요.

9) 나라와 권세와 영광이 하나님께 있습니다.

10) 예수님의 이름으로 기도드립니다. 아멘.

Prayer Note

_____
_____
_____

✈️ 기도 후 체크하세요

1	2	3	4	5	6	7	8	9	10
11	12	13	14	15	16	17	18	19	20
21	22	23	24	25	26	27	28	29	30
31	32	33	34	35	36	37	38	39	40
41	42	43	44	45	46	47	48	49	50
51	52	53	54	55	56	57	58	59	60
61	62	63	64	65	66	67	68	69	70
71	72	73	74	75	76	77	78	79	80
81	82	83	84	85	86	87	88	89	90
91	92	93	94	95	96	97	98	99	100

05부

중보기도

담임목사님과 사모님을 위한 기도

1) 하나님 아버지의 이름이 우리교회 담임목사님과 사모님을 통하여 거룩히 여김 받으시기 원합니다. 담임목사님과 사모님이 항상 하나님의 이름을 거룩하게 하는 일만 하게 해 주세요.
2) 하나님 나라가 담임목사님과 사모님에게 임하여 의와 평강과 기쁨이 있게 해 주세요. 또 하나님이 왕이 되어 다스려 주세요.
3) 하나님의 뜻이 담임목사님과 사모님에게 이루어지기를 원합니다. 그래서 많은 사람을 구원시키고 하나님의 뜻을 세계에 전파하게 해 주세요.
4) 하나님! 담임목사님과 사모님에게 영력과 지력과 체력을 주시고, 능력을 주셔서 하

나님을 위해 큰 일을 하도록 복을 주세요. 하나님께서 크게 쓰시는 목사님과 사모님이 되게 해 주세요. 그리고 담임목사님 가정이 항상 평안하도록 지켜 주세요.

5) 하나님! 담임목사님과 사모님에게 고통을 주고 상처를 준 사람들이 있습니다. 담임목사님과 사모님에게 그 사람들을 용서하는 사랑이 있게 해 주세요.

담임목사님과 사모님에게 고통을 준 사람들이 하나님을 믿고 구원받게 해 주세요.

6) 예수님 말씀에 순종하여 죄 지은 사람들을 용서해 준 것 같이 담임목사님과 사모님의 죄도 용서해 주세요.

7) 담임목사님과 사모님을 마귀가 시험하지 못하게 지켜 주세요. 담임목사님과 사모님이 항상 기도하여 마귀를 이길 수 있도록 도와 주세요.

8) 여러 가지 나쁜 악에서 담임목사님과 사모님을 구해 주세요.
9) 나라와 권세와 영광이 영원히 하나님 아버지께만 있음을 고백합니다.
10) 예수님의 이름으로 기도드립니다. 아멘.

Prayer Note

기도 후 체크하세요

1	2	3	4	5	6	7	8	9	10
11	12	13	14	15	16	17	18	19	20
21	22	23	24	25	26	27	28	29	30
31	32	33	34	35	36	37	38	39	40
41	42	43	44	45	46	47	48	49	50
51	52	53	54	55	56	57	58	59	60
61	62	63	64	65	66	67	68	69	70
71	72	73	74	75	76	77	78	79	80
81	82	83	84	85	86	87	88	89	90
91	92	93	94	95	96	97	98	99	100

부서 담당 목사님(전도사님)을 위한 기도

1) 하나님 아버지의 이름이 ○○부 담당 목사님(전도사님)을 통하여 거룩히 여김 받으시기 원합니다. 목사님(전도사님)이 하나님의 이름을 거룩하게 하는 일만 하게 해 주세요.
2) 하나님 나라가 목사님(전도사님)에게 임하여 의와 평강과 기쁨이 있게 해 주세요. 또 하나님이 왕이 되어 다스려 주세요.
3) 하나님의 뜻이 목사님(전도사님)에게 이루어지기를 원합니다. 그래서 사람들을 구원시키고 하나님의 뜻을 전하게 해 주세요.
4) 목사님(전도사님)에게 영력과 지력과 체력을 주시고, 능력을 주셔서 하나님을 위해 큰 일을 하게 해 주세요.

 성령이 충만하고 말씀이 충만하고 은혜가

충만한 목사님(전도사님)이 되게 해 주세요. 또 저희를 지도하시면서 힘들지 않도록 건강도 지켜 주세요.

5) 하나님! 목사님(전도사님)에게 고통을 주고 상처를 준 사람들이 있습니다. 목사님(전도사님)에게 그 사람들을 용서하는 사랑이 있게 해 주세요. 목사님(전도사님)에게 고통을 주었던 사람들이 하나님을 믿고 구원받아 복 받게 해 주세요.

6) 예수님 말씀에 순종하여 죄 지은 사람들을 용서해 준 것 같이 목사님(전도사님)의 죄도 용서해 주세요.

7) 하나님! 목사님(전도사님)이 시험에 들지 않게 해 주세요. 마귀가 시험하지 못하도록 어디서든 지켜 주세요.

8) 그리고 여러 가지 나쁜 악에서 목사님(전도사님)을 구해 주세요.

9) 나라와 권세와 영광이 영원히 하나님 아버지께만 있음을 고백합니다.
10) 예수님의 이름으로 기도드립니다. 아멘.

Prayer Note

_____

_____

_____

✈️ 기도 후 체크하세요

1	2	3	4	5	6	7	8	9	10
11	12	13	14	15	16	17	18	19	20
21	22	23	24	25	26	27	28	29	30
31	32	33	34	35	36	37	38	39	40
41	42	43	44	45	46	47	48	49	50
51	52	53	54	55	56	57	58	59	60
61	62	63	64	65	66	67	68	69	70
71	72	73	74	75	76	77	78	79	80
81	82	83	84	85	86	87	88	89	90
91	92	93	94	95	96	97	98	99	100

교회 선생님을 위한 기도

1) 하나님 아버지의 이름이 우리교회 (선생님 이름) 선생님을 통하여 거룩히 여김 받으시기 원합니다. (선생님 이름) 선생님이 하나님의 이름을 거룩하게 하는 분이 되게 해 주세요.

2) 하나님 나라가 (선생님 이름) 선생님에게 임하여 의와 평강과 기쁨이 있게 해 주세요. 또 하나님이 왕이 되어 통치해 주세요.

3) 하나님의 뜻이 (선생님 이름) 선생님에게 이루어져 많은 사람을 구원시키고 하나님의 뜻을 전하는 분이 되게 해 주세요.

4) 하나님! (선생님 이름) 선생님이 성령 충만하고 말씀 충만하고 은혜가 충만하게 해 주세요. 하나님을 사랑하고 복을 많이 받는

분이 되게 해 주세요.

 또 우리를 사랑하고 우리를 위해 기도를 많이 하는 분이 되게 해 주세요. 나도 선생님을 위해서 기도 많이 하고 선생님 말씀을 잘 듣는 사람이 되겠습니다.

5) 하나님! (선생님 이름) 선생님에게 고통을 주고 상처를 준 사람들이 있습니다. (선생님 이름) 선생님에게 그 사람들을 용서하는 사랑이 있게 해 주세요. 그리고 (선생님 이름) 선생님에게 고통을 준 사람들이 하나님을 믿고 구원받아 복 받게 해 주세요.

6) 예수님 말씀에 순종하여 죄 지은 사람들을 용서해 준 것 같이 (선생님 이름) 선생님의 죄도 용서해 주세요.

7) 하나님! (선생님 이름) 선생님이 시험에 들지 않게 해 주세요. 마귀가 시험하지 못하도록 늘 지켜 주세요.

8) 그리고 (선생님 이름) 선생님을 여러 가지 악에서 구원해 주세요.
9) 나라와 권세와 영광이 영원히 하나님 아버지께만 있음을 고백합니다.
10) 예수님의 이름으로 기도드립니다. 아멘.

Prayer Note

기도 후 체크하세요

1	2	3	4	5	6	7	8	9	10
11	12	13	14	15	16	17	18	19	20
21	22	23	24	25	26	27	28	29	30
31	32	33	34	35	36	37	38	39	40
41	42	43	44	45	46	47	48	49	50
51	52	53	54	55	56	57	58	59	60
61	62	63	64	65	66	67	68	69	70
71	72	73	74	75	76	77	78	79	80
81	82	83	84	85	86	87	88	89	90
91	92	93	94	95	96	97	98	99	100

하나님을 믿는 친구를 위한 기도

1) 하나님 아버지! 하나님의 이름이 거룩히 여김 받으시기를 원합니다. (친구 이름)가 하나님의 이름을 거룩히 여기고 행동하게 해 주세요.

2) 하나님 나라가 (친구 이름)의 마음에 임하기를 원합니다. 그래서 (친구 이름)의 마음속에 천국이 이루어지게 해 주세요.

3) 하나님의 뜻이 하늘에서 이루어진 것 같이 (친구 이름)에게도 이루어지기 원합니다. (친구 이름)가 하나님의 뜻을 깨닫고 이루어 드리는 사람이 되게 해 주세요.

4) 하나님! (친구 이름)에게 지혜와 지식과 명철의 은사를 주세요. 건강한 몸과 마음으로 하나님을 잘 섬겨 복 받는 친구가 되게

해 주세요.

 (친구 이름)가 하나님을 더 잘 믿고 교회생활도 더 잘하게 해 주세요. 하나님 말씀을 듣고 순종하는 사람이 되게 해 주세요. 예배를 중요하게 여기고 주일을 잘 지켜 하나님께 사랑받는 친구가 되게 해 주세요.

5) 하나님! (친구 이름)가 자기를 화나게 하고 힘들게 한 사람을 용서하게 해 주세요. 그리고 자기를 괴롭힌 사람들이 복 받기를 기도해 주는 친구가 되게 해 주세요.

6) 하나님 말씀에 순종하여 다른 사람의 잘못을 용서해 준 것 같이 (친구 이름)의 잘못도 용서해 주세요. (친구 이름)에게도 잘못이 있어요. 예수님의 보혈로 사함을 주세요.

7) 하나님! (친구 이름)가 시험에 들지 않도록 마귀로부터 지켜 주세요. 교회나 가정에서 학교에서 또 친구들 때문에 시험들지 않

게 해 주세요.

8) (친구 이름)를 악에서 구원해 주세요. (친구 이름)에게 악이 있어요. 불만을 갖고 불평하는 악이 있어요. 신경질 부리는 악이 있어요. 부모님 말씀에 불순종하려는 악이 있어요. 교회에서 떠드는 악이 있어요. 예배시간에 장난치는 악이 있어요. 기도하기 싫어하는 악이 있어요. 성경말씀에 불순종하는 악이 있어요. (   ) 악이 있어요. 이 악에서 구원해 주세요.

9) 나라와 권세와 영광이 하나님 아버지께 있습니다.

10) 예수님의 이름으로 기도드립니다. 아멘.

Prayer Note

✏️ 기도 후 체크하세요

1	2	3	4	5	6	7	8	9	10
11	12	13	14	15	16	17	18	19	20
21	22	23	24	25	26	27	28	29	30
31	32	33	34	35	36	37	38	39	40
41	42	43	44	45	46	47	48	49	50
51	52	53	54	55	56	57	58	59	60
61	62	63	64	65	66	67	68	69	70
71	72	73	74	75	76	77	78	79	80
81	82	83	84	85	86	87	88	89	90
91	92	93	94	95	96	97	98	99	100

하나님을 믿지 않는 친구를 위한 기도

1) 하나님 아버지! 하나님의 이름이 거룩히 여김 받으시기를 원합니다. 하나님을 믿지 않는 (친구 이름)가 하나님을 믿고 하나님의 이름이 거룩하다는 것을 알게 해 주세요.
2) 하나님 나라가 (친구 이름)의 마음에 임하기를 원합니다. 그래서 (친구 이름)의 마음속에 성령 하나님이 구원의 은총을 주시고 천국이 이루어지게 해 주세요.
3) 하나님의 뜻이 하늘에서 이루어진 것 같이 (친구 이름)에게도 이루어지기를 원합니다. (친구 이름)가 하나님을 믿고 구원받아 하나님의 자녀가 되게 해 주세요. 그래서 하나님의 뜻을 깨닫고 이루어 드리는 사람이 되게 해 주세요.

4) 하나님! (친구 이름)가 하나님을 믿어 교회생활을 할 수 있게 해 주세요. 예배와 기도, 찬송하는 것을 기뻐하고 주일을 잘 지키는 사랑받는 친구가 되게 해 주세요.

지혜와 지식과 명철을 주시고 하나님을 믿고 복 받는 친구가 되게 해 주세요. 또 착한 마음을 가진 사람이 되어 부모님께 순종하고 공부도 잘하는 친구가 되게 해 주세요.

5) 하나님! 어려운 일이지만 (친구 이름)가 자기를 화나게 하고 힘들게 한 사람을 용서하기를 기도합니다. 그리고 자기를 화나게 한 사람을 위해 기도해 주는 친구가 되게 해 주세요.

6) 하나님 말씀처럼 다른 사람의 잘못을 용서해 준 것 같이 (친구 이름)의 잘못도 용서해 주세요. (친구 이름)에게도 잘못이 있어요. 예수님의 보혈로 사함을 주세요.

7) 하나님! (친구 이름)가 시험에 들지 않도록 마귀에게서 지켜 주세요.

8) (친구 이름)를 악에서 구원해 주세요. (친구 이름)에게 악이 있어요. 불만을 갖고 불평하는 악이 있어요. 신경질 부리는 악이 있어요. 부모님 말씀에 불순종하는 악이 있어요. 게으름 피우는 악이 있어요. 나쁜 말을 하는 악이 있어요. (   ) 악이 있어요. 이 악에서 (친구 이름)를 구원해 주세요.

9) 나라와 권세와 영광이 하나님 아버지께 있습니다.

10) 예수님의 이름으로 기도드립니다. 아멘.

Prayer Note

✏️ 기도 후 체크하세요

1	2	3	4	5	6	7	8	9	10
11	12	13	14	15	16	17	18	19	20
21	22	23	24	25	26	27	28	29	30
31	32	33	34	35	36	37	38	39	40
41	42	43	44	45	46	47	48	49	50
51	52	53	54	55	56	57	58	59	60
61	62	63	64	65	66	67	68	69	70
71	72	73	74	75	76	77	78	79	80
81	82	83	84	85	86	87	88	89	90
91	92	93	94	95	96	97	98	99	100